活発な暗闇

江國香織 編

いそっぷ社

たぶんかなり無秩序な、無論ひどく偏った、
でもどう見ても力強いアンソロジーです。
力強すぎるかもしれません。

I

II

装幀　長坂勇司
装画　酒井駒子

I

ぼくの船

レイモンド・カーヴァー
黒田絵美子＝訳

ぼくの船を注文してある。

あともう少しで、完成する。

ぼくは、マリーナの特別なところを借りてある。

友だちみんなが乗れるように、広くしてある。

リチャード、ビル、チャック、トービィ、ジム、ヘイドン、ギャリー、ジョージ、ハロルド、ドン、ディック、スコット、ジェフリー、ジャック、ポール、ジェイ、モーリス、アルフレッド。

友だち全部！　みんなお互い知っている。

テスももちろん。ぼくは、どこへ行くにも彼女と一緒。

あと、クリスチーナ、メリー、キャサリン、ダイアン、サリー、アニック、パット、ジュディス、スージー、リン、シンディ、ジーン、モナ。
ダグとエイミー！　二人は夫婦だけれど、二人ともぼくの友だち、
楽しいことが好きだ。
みんな乗れる。うそじゃない！
みんなのストーリーをのせる場所がある。
ぼくのでも友だちのでも。
短篇もあれば、延々と続くのもある。
本当の話もあるし、作り話もある。
終わった話、まだ書きかけの話。
詩だってある！　叙情詩、長くて暗い物語詩。
画家の友だちのために、船には絵の具とキャンバスも積んである。
フライドチキン、ハム、チーズ、ロールパン、フランスパン。
友だちやぼくの好きなものはなんでもある。
それから果物がほしくなったやつのために大きな果物かご。
りんごが食べたいとか、ぶどうが食べたいとか、
ぼくの船の上で。

ほしいものは何でも、言ってくれさえすれば、出してあげよう。
いろんな味のソーダ水。
ビール、ワインはもちろん。ぼくの船にないものはない。
陽のあたる波止場へ降りて遊ぶのもいい。
みんなで楽しく。あれこれ考えない。
人の先を越しもせず、人に遅れもとらない。
つりをしたいやつがいれば、つりざおもある。
魚なら外にたくさんいる！
少し沖へ出るのもいい、ぼくの船で。
何も危険なことはない。そんなに顔をしかめることもない。
とにかく楽しくやろう、こわがるのはよそうっていうだけの話だ。
食べて、飲んで、よく笑う、ぼくの船で。
一度こんな旅がしてみたかった。
友だちみんなと、ぼくの船で。
もし、聞きたければ、ＣＢＣでシューマンを聞こう。
あまり楽しくなければ、よし、ＫＲＡＢにかえよう。

ザ・フー、ローリングストーンズ。
友だちが喜ぶことなら何でもいい！
一人ずつにラジオを渡してもいい、ぼくの船で。
とにかく大いに楽しもう。
みんなで楽しんで、したい放題のことをする、ぼくの船で。

娘とアップルパイ

レイモンド・カーヴァー
黒田絵美子＝訳

娘は、オーブンから出したばかりのアップルパイを一切れ
わたしにくれた。
まだほんのり湯気が立っている。
パイの皮には、砂糖と香料……シナモンが焼き込まれている。
娘は、朝の一〇時、申し分のない朝に、台所でサングラスをかけて、
わたしがパイをフォークで切って口へ運び、
ふうっと吹くのを見ている。
娘の家の台所。冬である。
わたしはパイをフォークでさしながら自分に言いきかせる。
何も聞くまい。

娘はあの男を愛していると言うのだ。
それならいいではないか。

まんきい

金子光晴

『若葉』は、さるとは言はないで
かたことで、まんきいといふ。
こまったことに、それは『若葉』のパパが
学校で、英語を教へてゐる習慣からだ。

『若葉』よ。君が成人の娘となる頃の
日本はどうなってゐるのだらう。
まだその頃も、まんきいのやうに
西洋の身ぶり手真似をしてゐようか。

それよりもっと肝心なことは、
『若葉』がしあはせでゐるだらうか。
パパにも、ママにも明《あか》せないで
心配なことが、あるのではないか。

『若葉』が泣く声をきつけても
もうそのときはこの老人があやしてやることができない。
しゃがんで、尻を掻《か》いたり、頭に手をのせて
まんきい歩きをみせてやることもできない。

平安な夕べ

八木重吉

夕ぐれのこころは　おそなつであるゆえに
うすあおい　なつかしさに　ながれていました
だが　ただ　なんとはなしに
ものがなしい　ひびきが
さらさらと　かるくぬうてゆくのであった
たいへん　ふとった　あかんぼと
わたしと　ちいさいわたしの妻と
この夕ぐれの　風景を　ゆくのでした
わたくしのこころには
いつものいらいらしさはありませんでした

わたくしは　たいへん　たいらかな心で
妻と　あかんぼと　ふうけいとを
しっかりと　抱きしめて　あんしんしてあるきました

冬は正味6・75オンス

リチャード・ブローティガン
高橋源一郎＝訳

冬は正味6・75オンス
特有の臭いまである
虫歯を防ぐためのフッ素の臭いだ

一カ月前
わたしはクレスト社の煉歯磨きのでっかいチューブを買った
そしてバスルームへ持って入りそやつをじっくりと眺めたとたん
わたしの喉の奥から言葉が飛び出したのだ
「冬だ！」

1968・12・4

私の冬

串田孫一

まるで冬らしく冬が来る
私の冬が
渋谷駅まで来ていた
機関車に乗って
渋谷までは来たのだが
煙の中でもやついていて
そこらの看板なんかを見ている
私の冬はもう疲れているようだ
何にも興味がないように
私にさえ挨拶一つしないで

重たい曇天の下
うつらうつら考えていた
冬の乗って来た機関車は
貨車を沢山引っぱって来たが
線路の上に今は独り
私の冬が降りるのを待っている
私は電車を幾つもやりすごして
呼びかけようとするのだが
呼ばれる冬も具合のいいことではないから
それを察して黙っていた
それにしても
ばかに冬らしい私の冬だ
私の冬らしい身振りだ
笑っていいのかどうかが分らない
私が分っていることは
今の煙の具合そっくりに

知らん顔して揺れたりしているが
やがてぷるんぷるんのものになって
私を包んでしまうということだ
その包まれる私が
今年は去年のままではない
私がここでこうして
電車に乗らないうちは
私の冬も機関車から降りない

一九五五年冬

高橋睦郎

寒い朝の公衆便所に
もやのようにたちこめている温《ぬく》とさ
ぼくは　うろついていた
よごれて　孤独で　空腹だった
プラタナスは裸だった
人通りは乏しかった
ごみ車のあとから

犬がついて行った
ぼくの右手は　ズボンのポケットの
かくし穴からすべりこんで
ぼくは飢えたこころで想像していた
公衆便所の中で　炎のように愛しあう人
光が　いたい刃物のようにさして来て
行くてのでいねいをかがやかせた

三月十八日、メイタグ・ホミッジ・ホテルで横になって

リチャード・ブローティガン
中上哲夫＝訳

ホテルの窓から外を見ると
ニューヨークは雪だ、夥《おびただ》しい数の
巨大な雪片、まるで
無数の透明な洗濯機がこの都会の
汚れた大気を攪拌《かくはん》して、
洗濯しているようだ。

いにしへの日は

三好達治

いにしへの日はなつかしや
すがの根のながき春日を
野にいでてげんげつませし
ははそはの母もその子も
そこばくの夢をゆめみし
ひとの世の暮るるにはやく
もろともにけふの日はかく
つつましく膝をならべて
あともなき夢のうつつを
うつうつとかたるにあかぬ

春の日をひと日旅ゆき
ゆくりなき汽車のまどべゆ
そこここにもゆるげんげ田
くれなゐのいろをあはれと
眼にむかへことにはいへど
もろともにいざおりたちて
その花をつままくときは
とことはにすぎさりにけり

ははそはのははもそのこも
はるののにあそぶあそびを
ふたたびはせず

昨日いらつしつて下さい

室生犀星

きのふ　いらつしつてください。
きのふの今ごろいらつしつてください。
そして昨日の顔にお逢ひください、
わたくしは何時も昨日の中にゐますから。
きのふのいまごろなら、
あなたは何でもお出来になつた筈です。
けれども行停りになつたけふも
あすもあさつても
あなたにはもう何も用意してはございません。
どうぞ　きのふに逆戻りしてください。

きのふいらつしつてください。
昨日へのみちはご存じの筈です、
昨日の中でどうどう廻りなさいませ。
その突き当りに立つてゐらつしやい。
突き当りが開くまで立つてゐてください。
威張れるものなら威張つて立つてください。

女王様のおかえり

林芙美子

男とも別れだ！
私の胸で子供達が赤い旗を振る
そんなによろこんでくれるか
もう私はどこへも行かず
皆と旗を振って暮らそう。

皆そうして飛びだしてくれ！
そうして石を運んでくれ
そして私を胴上げして
石の城の上にのせてくれ。

さあ男とも別れだ泣かないぞ！
しっかり　しっかり
旗を振ってくれ
貧乏な女王様のお帰りだ。

海の二階

堀口大學

海にも二階がある。
ごらん、
鷗《かもめ》が
風に波乗りする。

ガラス

高見順

ガラスが
すきとほるのは
それはガラスの性質であつて
ガラスの働きではないが
性質がそのまゝ働きに成つてゐるのは
素晴しいことだ

空を見てゐると　II

高見順

真白な布をかけたテーブルで
そのテーブルクロースを汚さないやうに気をつけながら
おいしい洋食が食べたいと思ふ
昭和時代のレストランでなく
大正も半ば頃の洋食屋で
つまり風月か精養軒で
飲むあとからボーイが水をついで行き
どこからか
「コーモリ傘のつくろひ直しー」といふ声が聞えてくる
さういふ窓辺で

おいしい洋食が食べたいと思ふ

昼のコックさん

尾形亀之助

白いコックさん
コロッケが　一つ

床に水をまきすぎた
コックさん
エプロンかけて
街は雨あがり

床屋の鏡のコックさん
昼ちよつと前だ
コックさん

正午
丸ビル風景

中原中也

あゝ十二時のサイレンだ、サイレンだサイレンだ
ぞろぞろぞろぞろ出てくるわ、出てくるわ出てくるわ
月給取の午休《ひる》み、ぷらりぷらりと手を振つて
あとからあとから出てくるわ、出てくるわ出てくるわ
大きなビルの真ツ黒い、小ツちやな小ツちやな出入口
空はひろびろ薄曇り、薄曇り、埃《ほこり》も少々立つてゐる
ひよんな眼付で見上げても、眼を落としても……
なんのおのれが桜かな、桜かな桜かな
あゝ十二時のサイレンだ、サイレンだサイレンだ

ぞろぞろぞろぞろ、出てくるわ、出てくるわ出てくるわ
大きいビルの真ツ黒い、小ツちやな小ツちやな出入口
空吹く風にサイレンは、響き響きて消えてゆくかな

お天気の日の海の沖では

中原中也

お天気の日の海の沖では
子供が大勢遊んでゐるやうです
お天気の日の海をみてると
女が恋しくなつて来ます

女が恋しくなるともう浜辺に立つてはゐられません
女が恋しくなると人は日蔭に帰つて来ます
日蔭に帰つて来ると案外又つまらないものです
それで人はまた浜辺に出て行きます

それなのに人は大部分日蔭に暮します
何かしようと毎日々々
人は希望や企画に燃えます

さうして働いた幾年かの後《のち》に、
人は死んでゆくんですけれど、
死ぬ時思ひ出すことは、多分はお天気の日の海のことです

雪

八木重吉

雪を見ていると
たいていは
しんしんとまっ直ぐにふってくるが
たまに
横へいったり
上へあがったりするのもある

雪

八木重吉

雪がふっている
さびしいから　何か食べよう

ヒマワリとスカシユリのあいだに

片山令子

夏の洗濯ものは
他の季節のものとは
違っているのです。
シャツやスカートを
夏が
着てはぬいでゆくから
七歳の子のワンピースには七つ
それぞれの数だけの夏が
入ったり出たり。

洗濯もののあいだにはヒマワリ
ヒマワリのあいだにはスカシユリ
スカシユリのあいだには
弾力のある
熱い生きものの息があつまっていて
そのあいだには
自分の見えるように
そのとおりに
スカシユリを描いている
スカシユリよりも
ヒマワリよりも
カンナよりも
コスモスよりも
小さい女の子。

過ぎてゆく手とそのささやき

片山令子

ふいに
頭の上に手がのせられ
そしてまた行ってしまった
わたしは小さい頃のことを思い出していた。

いままでにいくつあったか
おそらくいくつもないだろう
そっと置かれ
黙ってそのまま過ぎてゆく
大きな柔らかい手のひら。

何かいいことがあったのだろう
ほめられると
ほめたくなってしまうらしい。
しかし手は軽く
風のように失われやすい
それならば
ふいの歓びはどこから。

生きているひとより
もういないひとの方が
はるかに多いということ
わたしはそこに
向うからはみ出してくる
花びらを感じる。
手はそこから

とだえてもそこから。

もうない手の感触を
誰もが誰かにつたえることで
それを体に刻み込もうとする。
手は降りてきて
いってしまう
手は生まれ
いってしまう
もらったら
あげてしまう。

頭の上に手がのせられ
すぐにいってしまう
わたしは下を向いて
何かしていた

顔をあげ
それからまた
クレヨンの巻き紙を
はがし始める。

II

雌猫

ウンベルト・サバ
須賀敦子＝訳

きみの猫は痩せ細ってしまったが、
病気といっては、恋わずらいだけ。
おかげで、きみに世話をやかせて。

せつないほど、いじらしくないか？
撫でると、心臓みたいに震える
あいつのぶるぶるが、手につたわらないか？
きみのこの野蛮な雌猫だが、
ぼくは、これで完璧、と思う。
いいかい、むすめのころのきみとおなじで、

こいつは恋をしているだけなんだ、もの欲しげに、
あせって、うろついて、みんなに、
あの子は気が変、といわれてた、きみみたいに。
むすめのころの、きみにそっくり、なんだ。

ある散歩のあとで

ウンベルト・サバ
須賀敦子＝訳

丘まで、あるいは、海岸通りに、
うつくしい夕方、ふたりで
散歩にでかけると、
みなの目には、ぼくらの
絆は、ごくむつまじくうつるのだ。
多くの血であがない、多くの
変則な歓びも訪れる、ふたりの暮しだが、
連中の気に障るなにもない。
ふたりは、みなに優しいいし、おだやかな
市民だし、目ざすのはいいぶどう酒一杯。

ただ、胸中には金切り声がひびき、
旗が風にはげしくはためく。

祭日には、ぼくが人気《ひとけ》ない町はずれを選ぶのが、
少々、奇妙なくらいで、あとは
レストランの庭で夕食をとる、
まったくふつうのふたりにすぎない。
もう自由をなつかしんでる夫と、
焼きもちをやいている妻と。
他の人たちとはっきり違う点など、
友よ、ほとんどないのさ。

芸術と愛という
逆なふたつの運命をこころに
秘めたぼくたちだが。

手紙

谷川俊太郎

電話のすぐあとで手紙が着いた
あなたは電話ではふざけていて
手紙では生真面目だった
〈サバンナに棲む鹿だったらよかったのに〉
唐突に手紙はそう結ばれていた

あくる日の金曜日（気温三十一度C）
地下街の噴水のそばでぼくらは会った
あなたは白いハンドバックをくるくる廻し
ぼくはチャップリンの真似をし

それからふたりでピザを食べた
鹿のことは何ひとつ話さなかった
手紙でしか言えないことがある
そして口をつぐむしかない問いかけも
もし生きつづけようと思ったら
星々と靴ずれのまじりあうこの世で

夜のパリ

ジャック・プレヴェール
大岡信＝訳

闇の中でひとつずつ擦《す》る三本のマッチ
はじめのはあなたの顔をいちどに見るため
次のはあなたの眼を見るため
最後のはあなたの唇を見るために
そしてあとの暗闇はそれらすべてを想い出すため
あなたをじっと抱きしめながら。

とてもいとおしい僕のルウよ

ギヨーム・アポリネール
窪田般彌＝訳

とてもいとおしい僕のルウよ　お前が好きだ
いとおしく可愛い煌《かがや》く星よ　お前が好きだ
うっとりするほど柔らかな肉体よ　お前が好きだ
胡桃割りのように締めつける陰門よ　お前が好きだ
あんなにも薔薇色の並はずれた左の乳房よ　お前が好きだ
あんなにも柔らかな薄赤色の右の乳房よ　お前が好きだ
泡立たないシャンパンの色をした右の乳房よ　お前が好きだ
生後まもない子牛の額の瘤さながらの左の乳房よ　お前が好きだ
お前の頻繁な愛撫によって異常肥大した小陰唇よ　お前たちが好きだ
えも言われぬ軽快さ　跳びさがる様《さま》もものの見事な両の尻　お前たちが好きだ

窪んで暗い月そっくりな臍《へそ》　お前が好きだ
冬の森みたいに淡い毛並み　お前が好きだ
生まれたての白鳥のように和毛《にこげ》のはえた腋の下　お前たちが好きだ
惚れぼれするほど美しい肩の線　お前が好きだ
古代寺院の柱と同じく　美的なふくらみを持った腿　お前が好きだ
メキシコの小さな宝石さながらの　形のいい耳たち　お前たちが好きだ
数々の恋の血に浸った髪の毛　お前が好きだ
芸達者な足　こわばる足　お前たちが好きだ
騎手の腰　強い腰　お前たちが好きだ
コルセットなどは全くつけないウェスト　しなやかなウェスト　お前が好きだ
素晴しいスタイルの　僕のためにかがめた背　お前が好きだ
口　おお僕の無上の喜び　おお僕の神酒《ネクター》　お前が好きだ
類のない眼差　星なる眼差　お前が好きだ
その動きをこよなく愛している手　お前たちが好きだ
とても貴族的な鼻　お前が好きだ
うねり踊るような歩き方　お前が好きだ

おお　可愛いルウよ　好きだ　好きだよ　お前が好きだ

サンギーヌ

ジャック・プレヴェール
小笠原豊樹＝訳

ファスナーが稲妻のようにきみの腰を滑り
きみの恋する肉体の幸福な嵐が
くらやみのなかで
爆発的に始まった
きみの服は蠟引《ろうび》きの床に落ちるとき
オレンジの皮が絨毯《じゅうたん》の上に落ちるほどの
音も立てなかったが
ぼくらの足に踏まれて
小さな阿古屋貝《あこやがい》のボタンは種のように鳴った
サンギーヌ・オレンジ

きれいなくだもの
きみの乳房の尖端は
ぼくのてのひらに
新しい運命線を引いた
サンギーヌ
きれいなくだもの

夜の太陽。

ローラ

フェデリコ・G・ロルカ
長谷川四郎＝訳

オレンジの木かげで
木綿の産着を洗うローラ
彼女の目はみどり色
声はスミレ色

ああ　恋よ
花さくオレンジの木かげ！

日にかがやいて
堀の水は流れていった

スズメが一羽うたっていた
小さなオリーブの茂み

ああ　恋よ
花さくオレンジの木かげ！

やがてシャボンをぜんぶ
ローラは使ってしまった
若い闘牛士がやってくるだろう

ああ　恋よ
花さくオレンジの木かげ！

絹の天幕

ロバート・フロスト
安藤千代子＝訳

彼女は真昼の野辺に張られた絹の天幕のようだ
夏の日射しの中で微風がすでに
露を乾かし、絹の張りがゆるむと、
張り綱の中で天幕は軽やかに揺れている、
また　ささえとなる中心の杉の柱は、
小尖塔を天に向け
そのこころの確実さをあらわしているが、
一本のひもにも頼っていないように見える
厳密には何にも支えられていないのだが、
数かぎりない愛と思いやりの絹のきずなで

それを取り巻く地上のすべてのものに結ばれているのだ、
そして　ただ夏の気まぐれな大気の中で
わずかにどれか一つのきずながつっ張ると
ほんの少しの束縛に気づくのだ。

家出人人相書

佐藤春夫

三十歳の肉体を秘め
十七歳の情操を香はせ
柔和にして暴虐
能《よ》く暗中に化粧し　又
泣くこと巧みにして猫属なり
女の目には極めて不快
若き男の目にはまばゆし

アンチミテ

堀口大學

奥さん　私の詩集は凋《しお》れませう
あなたのやさしい指の間で
おびただしいクツシヨンの葉かげに
奥さん　あなたの乳房が熟します
奥さん　熱い接吻のあとの
冷たいシヤンパンは美味ですね
奥さん　明るすぎますか？
奥さん　ランプを消しませう

のんきな連中

ポール・M・ヴェルレーヌ
金子光晴＝訳

言いたい悋気《りんき》はいっぱいあるが
ね、いっしょに死んでおくれ。それともいやかい？
――きいたことないわ。そんなの。
――きいたことないのがいいのさ。ね。いいだろ、
デカメロンのなかにでもありそうじゃないか。
――へ、へ、へッ。おかしな方！
――おかしいかどうかしらないが、
こんなに真実な恋人があるものか

死のうと言っているんだよ。まだわからないのかい？
――そんなこと仰言《おっしゃ》ったって、
それはみんなていのいい口先よ。
なんにも言わないで。その方が立派だわ！

こよい、ティルシスとドリメーヌは
ふざけ好きな二人のシルバンから
遠くないところに並んで座って、

あれほどの死にたさを後へのばして、
かってな真似の仕放第《しほうだい》。
へ、へ、へっ、全くおかしな二人だ！

願わくば金の真昼に

永瀬清子

願わくば金の真昼に
私たちを逢わせて下さい、
外光はまぶしく熔けて
私の半ばに注ぎ入り
光とも焰《ほのお》とも見えわかぬその時に。
世の人の使つて損ねた一言をも
話さなくてよいその時に。

飛び散るものを飛び散らせ
渦巻くものを渦巻かせ

わがギザギザの河床ゆえに
ほほえみは野川の流れのブリリアントに。
私をただすつくりと立たせて下さい。
願わくば金の真昼に
私たちを逢わせて下さい。

氷辷《こおりすべ》り

ポール・M・ヴェルレーヌ
金子光晴＝訳

あなたも、僕も、お互いの謀計《はかりごと》に
うまくかかってしまったのです。
ねえ。奥さん。きっと夏の熱さで
僕らの頭脳《あたま》がどうかしたんでしょう。

僕の記憶がたしかとしたら、
春頃からどうもおかしかった。
でも、僕らの愛の遊戯は、
たのしくうかうかと過ぎたものだった！

だって、春は空気も新鮮で、
愛の使いが咲きいそがせる
薔薇の花の早咲きが、
清浄なにおいをただよわせ、

リラはまたはげしい息吹《いぶき》を
さしのぼる太陽の熱気のなかに、
なやましく撒《ま》きちらした。
我を忘れるあの興奮剤は、

からかい好きなそよ風に、
媚《ほれ》ぐすりの効力を吹きちらされ、
うき立つ心はしずまって、
まず、冷静をとりもどす。

陽気になった僕らの五感は

まるでお祭りのようだけど、
おかげで、一人で、一人でいても、
逆上するような心配もない。

そんな時でしたね。空は青空、
（奥さん、おぼえていらっしゃいますか？）
とり交した接吻と、
花のような酔い心地。

狂おしい情熱と言うよりも、
しずかな心づくしでつづいた
二人の間柄はたのしかった。
熱中しすぎて、苦しみの種となることもなく！

ほんとうにあの頃は幸福だった！　――だが夏がやってきて！
爽やかな微風も、去《い》ってしまった！

僕のおびえた魂を、
みだらな風が吹き誘う。

真紅に燃える花々が、
熟れた臭いを吐きかける。
どこへ行っても、僕らのうえに
誘惑が、洩れ日のようにふりかかる。

とうとう、僕らは敗北した。
九夏《きゅうか》三伏《さんぷく》の夏中を、
みっともない話だが、
恋にうつつをぬかしていた。

わけもなく泣き、またはしゃぎ、
別れていればおちつかず、
じとじと歎《なげ》きに沈んだり、夢中になったりするだけで、こころのなかは、いつもからっぽだ!

幸いにも、秋が来て、
うそ寒い日と、つらい朔風《きたかぜ》が
容赦なく、冷酷に、
僕らの悪習をため直す。

そして、荒々しく僕らを鍛えあげる。
おもい通りの都雅《みやびやか》な、
誰にも好かれるねうちのある
非のうち所ない恋人同志にする……。

そのうち冬が近づいて、ねえ。奥さん。
噂好きなおしゃべり連中が、
僕らのことで金を賭けている。
すでに、橇《そり》の連中が僕を追い越そうとうしろに迫る。

両手をあなたの腕套《マフ》に入れて、
腰掛けにちゃんと坐ってらっしゃい。
さあ。逃げるんです！　例え、なんとでも言わば言え、
やがて、うわさの花も咲くでしょうよ！

さらば

フェデリコ・G・ロルカ
長谷川四郎＝訳

ぼくが死ぬとしたら
バルコンはあけといてくれ

子供がオレンジをたべている
（バルコンからそれが見える）
農夫がムギを刈っている
（バルコンからそれが見える）

ぼくが死ぬとしたら
バルコンはあけといてくれ！

レストラン

リチャード・ブローティガン
高橋源一郎＝訳

三十七歳
彼女はもうすっかり疲れてしまった
結婚指輪、これはいったいなにかしら
彼女は空っぽのコーヒーカップをじっと見つめている
まるで死んだ鳥の口でも覗き込んでいるみたいだ
夕食は終わり
夫はトイレに行ってしまった
でもすぐ戻ってくるだろう、次は彼女がトイレに行く番だ

XVIII

ポール・M・ヴェルレーヌ
金子光晴＝訳

だから結局、恋愛なんてするもんじゃない。
　それは僕らにとって悪夢のようなものだ。
ひとはもう、心をとり直し、
　しずかにくらし、おとなしく眠り、
役にも立たない浮気心などに煩わされはしない。
　世の常識と、結婚生活！

落付きはらって、空想なんかなにもない。
　理屈にあったことしかせず、
偶然の機会なんて、極く稀れだ。

不機嫌になるようなこともない。
だが、たしかに面白いこともなにもない。
変動と、危機！

こんな案配で、おまけに気付かずに
至極《しごく》幸福な顔をして、
手ごたえもない。（それについて、疑いも持ちはしない？）
こうやっていれば、どんなことになっても、
不仕合せなんかになりっこなしだ。
がまんすることと黙っていることと！

どんな慾望もがまんし、
喜びも悲しみも黙っていること、
ねえ。それこそ、僕らのうえに
もっとも確実に期待されてることだ。
慾望をがまんし、黙っていること、

それが、平和と克己なのだ！

朝の食事

ジャック・プレヴェール
小笠原豊樹＝訳

茶碗に
コーヒーをついだ
茶碗のコーヒーに
ミルクをいれた
ミルク・コーヒーに
砂糖をいれた
小さなスプンで
かきまわした
ミルク・コーヒーを飲んだ
それから茶碗をおいた

私にはなんにも言わなかった
タバコに
火をつけた
けむりで
環《わ》をつくった
灰皿に
灰をおとした
私にはなんにも言わなかった
私の方を見なかった
立ちあがった
帽子をあたまに
かぶった
雨ふりだったから
レインコートを
身につけた
それから雨のなかを

出かけていった
なんにも言わなかった
私の方を見なかった
それから私は
私はあたまをかかえた
それから泣いた。

夏の海の近くで

清岡卓行

博物館で一緒に見た　あの砂時計の
砂をこぼすくぼみのように
そっとくぼんで　しかし閉じられている
きみの形のいいお臍に
しずかに　耳をおしあてると
どこからか　遠い会話が聞えてくる。
きみの死んだ　父と母が
むつまじく
火喰鳥の話をしているのだ。

まぎれこんできた蜻蛉《とんぼ》を追いかえし
きみの形のいいお臍に
また　耳をおしあてると
今度は　別な明るい声が聞えてくる。
きみのまだ生れていない　子供たちが
まぶしい午後の海の　波打際で
ボール遊びをしながら
幼い動物たちのように
笑いころげているのだ。

ああ　そんなに物憂い幸福だけが
つたわってくる　微かな騒めきの
さらに　向うに
とどろいている沈黙は　一体何だろう？
――ここは　海に近いホテルの一室。
窓枠が切り取っている

夏の森と空は
どこまでも緑に　どこまでも青く
間どおくくりかえされる潮騒は
まるで　見知らぬどこかの天体の
無心な呟きのようではないか？
《地球もまた
　一瞬の出来ごとに過ぎない？》
きみの空中を凝視する眼は
そんなふうに　たずねている。

きみの形のいいお臍に
ふと　口をおしあてると
ほのかに　にがい味がして
日日の生活のたたかいと
その中でのきみの優しさが
ぼくの背すじを

未来の記憶のように　つと走り去る。
泳ぎ疲れて
ぼくたちは
まず　眠るのだ。

耳

清岡卓行

朝眼が覚めたら革命が終ってた
なんてのが　いいわよ
と　見知らぬ若い女が
見知らぬ若い男からするりと逃げた。
いくら酒を飲んでも
耳しか熱く酔っぱらわないことがある。
二月の底冷えのする　とある酒場で
ぼくはぼくのからだを持てあまし
ぼくの耳は　はげしく
音楽に飢えていた。

異国の女に捧げる散文

ジュリアン・グラック
天沢退二郎＝訳

ぼくはきみのツンと強く香る風を吸った、ぼくはきみの危険な季節の中へ入っていった、まるで、ヒヤシンスと雪崩《なだ》れで虎斑模様になっている四月の山の中の、何もかもキシキシと鳴る無謀な時にも道がよくわかる旅人のように。きみはきみのつめたい春でぼくの頰を打った、きみはユキノハナの溶け切った微笑みでぼくをときほぐした、きみはまるで氷の聖像たちの指に直かに咲いた災いの花のようにぼくの用心深さを突きぬけて行く。ぼくは好きだ、心の目印と季節の数々を優しさでかき乱すきみの顔——雪融けの乱雑な工事現場よりももっと新鮮で、もっと紛糾して、もっと混乱のひどい、そしてまるで六月の空の変幻や雪を飲む高原の放牧地のような、取り乱したきみの顔が——ぼくは好きだ、さくらんぼをこっそり盗む娘のようなきみの意固地な額《ひたい》が、そして細かい襞《ひだ》の寄ったきみの若妻のような口が——五月の庭園の雪ぜんたいを揺さぶるきみの笑いが、そして夜の花壇のすっかり暗くなったきみの声が——そして新鮮な頬の平原のへりの氷河の凹みに溜った水のような、修道院の塀をとびこえる寄宿生めいたきみの両眼の緊張した青《ブルー》が。

ぼくは諦めることなく日数をかぞえた。きみが来る前の、あれほど多くの日々、あの日々に沿って沈黙が列を作った、まるで町を救いに来る大軍を迎えるとでもいうように。きみが来てくれなかった日々、おびただしい影がぼくの空しい両手からこぼれ落ちたあの日々。けれどぼくは知ったのだ、きみが、庭の木戸から投げこまれる大きな花束みたいに入って来る日々を、そしてときどき思いこんだのだ、きみは決して、日暮れにしか帰って行きはしないと。そしてまた、こんな日々もあった、伏せられたまぶたのような、長くてひそやかな合意の日々、夕暮れが疲れも知らずいわば灰の中に熾《おき》をはぐくんでくれた日々も。きみは永久に手の届かぬところにいるわけではなくて、ときには、ぼくはきみのすぐ傍にいた。思い出す、まるで島を囲むように優しさが包んでいた暮れ方のことを。夕闇が海のように満ちてくる大きなしんとした部屋の中で、いつまでもいつまでも、軽く小突くように優しさはその狭い額をぼくに押しつけてきたのだった、まるで岩にうち寄せるさざなみのように。

III

雨

フランシス・ポンジュ
窪田般彌＝訳

雨は、それが降っているのを私がみつめている中庭では、実に種々さまざまな様子をして落ちてくる。中央では、それは不連続な薄いカーテン（或は網）だ。執拗に、しかし比較的ゆっくりと、察するところ、かなり軽い水の滴りとなって落ちてくる。無気力な果てしないせわしさ、純粋な流星の莫大な数の細粒である。左右の壁から少しはなれたところでは、もっと重い個々の水滴となって、一段と大きな音をたてて落ちてくる。こちらでは麦粒の大きさに、あちらでは豌豆《えんどう》の大きさにみえる。また別のところでは殆どビー玉ほどの大きさだ。窓の金棒や手すりの上では、雨は水平に流れているが、この同じ障害物の内側では、凸状のキャンディのようにぶらさがる。乗りだして下をみれば、小さなトタン屋根の全表面にわたって、雨は極めて細やかな滝となって流れる。屋根の、眼にはみえぬ波うつ起伏のために、流れの姿もいともさまざまな波形をつくって。大きな勾配もない、深い小川の緊張を漂わせて流れているすぐそばの樋《とい》から、雨は突如として、全く垂直な、極めてあらく編まれた網となって流れ落ち、地上に達すれば忽《たちま》ち砕け、きらめく飾り紐となって飛び散ってゆく。

雨の姿の一つ一つには、どれも固有な挙動があり、それに固有な音が応える。どれもが、複雑で正確で思いきった機械のように烈しく生きている。それはまた時計そのものといってもいいが、そのゼンマイは、せわしい蒸気が与えてくれた大鎚《おおづち》の重みでできている。

垂直な細糸が地面に鳴らす鈴の音、樋のごぼごぼいう音、銅羅をかすかにたたく音、こうした音が次第に大きくなり、同時に、単調でない微妙な合奏となって鳴り響いてくる。

ゼンマイがゆるんでしまっても、まだ幾つかの歯車は、しばらく動きつづけている。が、その動きは次第にゆっくりとなり、やがて一切の機械はとまってしまう。そのとき、もし太陽がまた顔を出してくると、すべてはじきに消えうせ、輝かしい機械は蒸発してしまう。雨は降りやんだのだ。

秋の終り

フランシス・ポンジュ
窪田般彌＝訳

すべて秋は、その終りには、はや冷たい煎じ薬にすぎない。あらゆるエッセンスの枯葉が雨にひたるのである。醱酵《はっこう》もなければ、アルコールの製造もない。春まで、森の脚にはりつけた湿布の効果をまたねばならないのだ。

落葉の開票は乱雑になされる。投票室の、戸口という戸口は、はげしい音を軋らせて開かれ、閉される。籠《かご》だ、籠だ！　自然の女神は、自分の原稿をひきさき、本棚をひっくりかえし、怒りくるって、その最後の木の実を叩き落す。

それからかの女は、突如、仕事机からたちあがる。かの女の背丈は急に大きくなったようにみえる。髪を乱したかの女の頭は霧のなかにある。腕をぶらぶらさせて、かの女は気持よさそうに、自分の思想を爽やかにしてくれる冷たい風を呼吸する。日々は短かく、夜ははやく落ち、笑いもその権利を失ってしまう。

他の星座どものなかにあって、空気につつまれた地球は、ふたたび真剣な顔つきをするようになる。光をあびた部分は一段と狭くなり、影の渓谷に滲透される。放浪者のそれのようなその靴は水びたしとなり、音楽をかなでる。

この蛙《かえる》の世界、この健康によい水陸両棲の世界のなかで、一切は力をとりもどし、石から石へと飛びまわり、牧場の姿をかえる。小川は水量をます。

これこそ、美しい清掃というもの、慣習を顧慮しない清掃というものだ！裸のように着物をまとい、骨の髄まで水びたしの清掃なのだ。

そして、それは長くつづき、すぐには乾かない。こうした状態での有効な三ケ月の瞑想。血管反応もなければ、化粧着も、毛皮の手袋もない。ただ、自然の力強い体質がそれに耐えるのだ。

それ故に、小さな蕾《つぼみ》どもは、ふたたび芽をふきはじめるとじきに、かれらは自分たちは何をし、何が起るのか、ということを知るのである。――そして、寒さに知覚を失い、赭顔になったかれらが、慎重にその姿をみせてくるのは、その事情を知りぬいてのことだ。

しかし、そこにまた、何か分らないが、また別の歴史が始まる。だが、それは暗い準則の香りをもたぬものだ。この暗い準則こそは、そのもとにある私の顔の線を描くには役立つものであろうが。

来るんじゃない　私が死んだならば

アルフレッド・テニスン
江國香織＝訳

来るんじゃない　私が死んだならば
お前のおろかな涙など　私の墓にこぼしてくれるな
私の頭上をずかずかと歩いてくれるな
不幸な死体を苛立たせるな　お前にできることはない
風がむせび泣くにまかせよ　鳥がなくにまかせよ
しかしお前　お前は去れ

子供よ　それがもしお前のしでかしたあやまちでも罪でも
私は気にしない　祝福もなしだ
お前の望む者と添うがいい　私はすべてに倦んでいる

そして休息が欲しい
行くがいい　心弱き者　私をそこに放っておいてくれ
去れ　去るのだ

都の子

アルフレッド・テニスン
西條八十＝訳

きれいな　小さなお嬢さん
あなたはどこへ行きたいの？
こんなに家《うち》はむつまじく
そこには母もいるものを。――
きれいな娘がいいました。
「遠くへわたしは行きたいの
桜草や　アネモネや
風鈴草や　薔薇《ばら》や　百合
咲いたお庭へ行きたいの」
きれいな　小さなお嬢さん

あなたはどこへ行きたいの？
こんなに家《うち》は美しく
都の人も住むものを。――
きれいな娘がいいました。
「遠くへわたしは行きたいの
クローバ　雛菊《ひなぎく》　毛茛《きんぽうげ》
忍冬《にんどう》の花　ぼたんづる
生えた牧場《まきば》へ行きたいの」

窓辺で待っている

A・A・ミルン
江國香織＝訳

このふたつの雨粒はぼくのもの
窓ガラスにくっついて　流れおちるのを待っている

ぼくはここでそれを見ている
どちらかが勝つのを　待っている

雨粒はふたつとも　ちゃんと名前を持っている
ひとつはジョンで　もうひとつはジェームズ

ひとつはいちばんで　ひとつはびり

どっちが先に流れおちるかで決まる
ジェームズがゆっくりこぼれ始める
彼は負けちゃうと思うな

ジョンはまだ動かない
ぼくはこっちに勝ってほしいと思っている

ジェームズはじわじわじわじわとすすむ
ときどきジョンにくっつきそうになりながら

ついにジョンが動き始める
ジェームズはかなり速くなってきた

ジョンが流れおちてくる
ジェームズはまた　ゆっくりになる

ジェームズはガラスのよごれにつまずいている
ジョンはもうすこしで着くぞ

だいじょうぶかな　いけるかな
（ジェームズに何かが近よってきた）
ジョンはせっせとすすんでいる
（ジェームズはハエと話してるよ）
ジョンだ　ジョンが勝った！
見てよ！　言ったとおりでしょ！　おひさまがでてきた

隣の家

レイモンド・カーヴァー
黒田絵美子＝訳

婦人がパイを食べにいらっしゃいと言う。

むかしここに住んでいた彼女の夫の話が始まる。

どうして夫を療養所へ送り込まなければならなかったか。

夫は、この見事な樫《かし》の木の天井に安っぽい断熱板を貼りつけると言いだしたんです、と婦人は言った。

あの時からどこかおかしいんじゃないかと思っていたと。

それから、卒中。今は植物人間。

それはそれとして、次は、猟区の管理人が、ピストルを息子の耳につきつけた。

そして、引き金をひいた。

でも、あの子は何も悪いことはしちゃいない。

おまけに管理人はあの子のおじさんなんですよ。

なにしろみんな仲が悪くて。

みんなどうかしてしまって、近頃じゃ、口を聞く者もいません。

これ、息子が川の入口で見つけてきたんです。大きな骨。

人間の骨でしょうか。腕の骨かなんか。

そう言って、窓辺の花びんのとなりにそれを戻した。

娘は、一日じゅう部屋にこもって、自分がしそこなった自殺について詩を書いています。

だから姿が見えないんです。もう誰もあの子の姿を見る者はいません。娘は、出来上がった詩を破ってはまた書き直すんです。

でも、いつかそのうち書き上げるでしょう。

ちょっと、信じられます?　あの車、エンジンのロッドがはずれちゃったの。

となりの庭のお棺みたいな恰好の黒い車。

エンジンをウィンチでひっぱり出して、
木からぶら下げてるんですよ。

私の足に

永瀬清子

私の足に合う靴はない。
私にぴつたりする靴は
星の間にでも懸《かか》つているだろう。
私は第一靴と云うものを好かないのだ。
足の形につくつて足にはめると云うことは
全く俗なことではないか。
それに奴隷的なことでさえある。
私はもつと軽くもつと翼のあるものがいい。
もつと水気があつて、もつとたんわりしたものを選ぶ。
そんな風に人々はちつとも考えないのか。

ひさし髪と云うものが当然であつた時もあつた。
長い裾をひきずらなくては
恥かしくて歩けない時もあつた
夜、星のすべすべした中に靴をさがす。
靴型星座をたずねあぐんで、
私のもすそはその時東の暁け方にふれる。
けれども夜があけて私は草の上に立つている。
私の蹠《あなうら》は大方の靴よりも美しい。
そしてこの蹠はいつも飢えているのだ。
そしていつも砂礫に血を流すのだ。

フラッドさんのパーティ

エドウィン・アーリントン・ロビンソン
江國香織＝訳

年とったイーベン・フラッド氏、ある晩坂をのぼってた
下方には町
上方にはこれから帰らなくちゃならないからっぽの家
あたりをうかがいつつ立ちどまってみれば
道はまるで彼のもの　ほかには誰もいやしない
イーベンちょっと茶目っけをだし、大きな声でこう言った
ティルベリーの町の人々？　もちろん聞いちゃいないから

「やあフラッドさん、また仲秋の満月だね
こういうの　あと何度見られるだろうね

鳥は飛んでいってしまうもの　詩人もそう言っている
前にもここで　この話をしたね
鳥に乾杯といこう」
わざわざ遠くまでいって　満たしてきた酒びんを月の光にかざした
そしてかすれた声で言う　「さてフラッドさん、
あなたがそう言うならば、乾杯するしかあるまいね」

ひとりぼっち　最後まで残ることに耐えているみたいに
すりきれた希望だけを身につけて
彼は道のまんなかに立っている
音のでないラッパを吹くロランドの幽霊みたいに
眼下には木々をすかして町がみえる
かつての友人たちが　彼をたたえているようだ
死んだものたちなりのやり方で
かぼそいざわめきを送ってくる　イーベンの目がかすむ

そして　眠っている赤ん坊を　起こしてしまわないようにそっと横たえる母親
のように
彼は酒びんを足元に置く
そうっと。たいていのものは壊れてしまうのだ、と知っているかのように
でも　地面はしっかりしていた
酒びんはちゃんと立っている　大丈夫　人の命よりずっとたしかだ
彼はゆっくりそこを離れる
再び手をさしだしてじっとして

「さて　フラッドさん　ひさしぶりだなあ
お互いいろんな変化があったなあ　この前いっしょに
飲んだのはいつだっけ　ともかくお帰り！」
おぼつかない足どりで　酒びんのところへ戻っていく
またしても酒びんを月光にかざし
ふるえ声で従順にこたえる
「さて　フラッドさん　そこまで言うなら飲みましょう

ほんのすこしですよ、フラッドさん――
オールド ラング ザインのためにね　いやもういいよ　これで十分」
そう、しばらくのあいだは　たしかにそれで十分なのだ
イーベンもまた　たしかにそう思ったのだ
たちまち　夜が銀色のさびしさで彼にふりそそぐ
彼は声をはりあげて唄いはじめた
心配はない　聴いているのは二つの月だけだもの
やがて景色全部が唄いだし　調和する

「フォ オールド ラング ザイン」疲れたのどはもう嗄《か》れがれ
最後はふるえ声になって　歌はおわった
彼はもう一度酒びんに手をのばし　顔をゆがめた
うなだれる　ひとりぼっちなのだ。
この先には　たいしたものは待っていない
下の町にはなにもない――

そこでは知らない人々が　家々の扉を閉ざしていることだろう
かつてたくさんの友だちが
彼のためにあけてくれたその扉を

トリエステ

ウンベルト・サバ
須賀敦子＝訳

街を、端から端まで、通りぬけた。
それから坂をのぼった。
まず雑踏があり、やがてひっそりして、
低い石垣で終る。
その片すみに、ひとり
腰を下ろす。石垣の終るところで、
街も終るようだ。

トリエステには、棘《とげ》のある
美しさがある。たとえば、

酸っぱい、がつがつした少年みたいな、
碧《あお》い目の、花束を贈るには
大きすぎる手の少年、
嫉妬のある
愛みたいな。
この坂道からは、すべての教会が、街路が、
見える。ある道は人が混みあう浜辺につづき、
丘の道もある。もうそこで終りの、石ころだらけの
てっぺんに、家が一軒、しがみついている。
そのまわりの
すべてに、ふしぎな風が吹き荒れる、
ふるさとの風だ。

どこも活気に満ちた、ぼくの街だが、
悩みばかりで、内気なぼくの人生にも、
小さな、ぼくにぴったりな一隅が、ある。

悲しみのあとで

ウンベルト・サバ
須賀敦子＝訳

このパンには思い出の味がある、
港のどこより廃《すた》れて混みあった辺りの、
貧しい居酒屋で食べるこのパンには。

ビールの苦さがうれしい、
帰りがけに立ち寄って、
雲のかかった山々と灯台をまえにすわると。
苦悩にうちかったぼくのたましいは、
あたらしい目で、むかしの夕暮を眺め、

妊娠した妻といっしょに水先案内人など見ている。

それから、古びた木の部分が太陽に
ちかちかする、二本のマストとおなじくらい
背の高い煙突をつけた、船を。まるで、

二十年まえ、子供のときに描いた絵みたいな。
そのころ、手に入れるとは考えてもみなかった、
こんなうつくしい、甘い苦痛に満ちた人生、

こんなに、ひっそりとした幸福。

夕ぐれの時はよい時

堀口大學

夕ぐれの時《とき》はよい時《とき》。
かぎりなくやさしいひと時《とき》。

それは季節にかかはらぬ、
冬なれば暖爐のかたはら、
夏なれば大樹の木《こ》かげ、
それはいつも神秘に満ち、
それはいつも人の心を誘ふ、
それは人の心が、
ときに、しばしば、

静寂を愛することを、
知つてゐるものの様に、
小声にささやき、小声にかたる………

夕ぐれの時《とき》はよい時《とき》。
かぎりなくやさしいひと時《とき》。

若《わか》さににほふ人々の為めには、
それは愛撫に満ちたひと時《とき》、
それはやさしさに溢《あふ》れたひと時《とき》、
それは希望でいつぱいなひと時《とき》、
また青春の夢とほく
失ひはてた人々の為めには、
それはやさしい思ひ出のひと時《とき》、
それは過ぎ去つた夢の酩酊、
それは今日の心には痛いけれど

しかも全く忘れかねた
その上《かみ》の日のなつかしい移《うつ》り香《が》。

夕ぐれの時《とき》はよい時《とき》。
かぎりなくやさしいひと時《とき》。

夕ぐれのこの憂鬱は何所《どこ》から来るのだらうか？
だれもそれを知らぬ！
（おお！　だれが何を知つてゐるものか？）
それは夜とともに密度を増し、
人をより強き夢幻へみちびく………

夕ぐれの時《とき》はよい時《とき》。
かぎりなくやさしいひと時《とき》。

夕ぐれ時《どき》、

自然は人に安息をすすめる様だ。
風は落ち、
ものの響は絶え、
人は花の呼吸をきき得るやうな気がする、
今まで風にゆられてゐた草の葉も
たちまちに静まりかへり、
小鳥は翼《つばさ》の間に頭《かうべ》をうづめる………

夕ぐれの時《とき》はよい時《とき》。
かぎりなくやさしいひと時《とき》。

海辺のコント

阿部日奈子

ジブラルタル海峡で溺れかけた見習い水夫のジャック
故郷の埠頭には許婚《いいなずけ》のジルが迎えに来ていた
貝の腐臭がただよう漁村できょうだいのように育ったふたり
その日から毎日ジルは生卵を持参してジャックを見舞ったが
いつのまにか心は離れていたので
ベッドの傍らでやりかけの刺繍をひろげてみても
ふたりの会話は弾まなかった

手紙と同じくらいジャックの話はつまらない

そう思う自分の冷淡にジルはぞっとした
ジルの非難がましい眼差しにさらされて
このごろではジャックも仏頂面が隠せない
毎晩八時にさよならの接吻をして部屋を立ち去るだんになると
ジャックもジルもはじめて解き放たれた気分になって
ようやく口元にほほえみが浮かぶのだった

床屋で働くうち急速に賢くなってしまったジル
ジルのしなやかな手でする真剣白髪取りはたいした評判だった
床屋の親父も客たちもジルに流眄《ながしめ》を送ってよこす
とりあわないかぎりはまるで無意味なシグナル
意味の付与も剝奪もジルの出方ひとつだった
つかのまの力の感触をもてあそびながらも
このときジルは未だ靡《なび》いてはいなかったのだが

ダークサイド・オヴ・ハー
ジルが帰っていったあと灯火の下でジャックは一心に考えていた
いまここでジルを面白がらせるか逆に手放してやるかしないと
あいつは出奔するだろう
雲雀のように高揚しやすく誰にでもいい顔をしてみせて
いい顔がしきれなくなると捨て台詞さえ端折《はしょ》って逃げ去る女
港港に禍いをもたらすそんな女の来し方をジャックは案外よく知っていた

恢復期にあるジャックの日課に夕方の散歩が加わった
晩秋の空はたたなずく雲におおわれて雨もよいの風が吹きつけていたが
ふたりは毎日ゴム引きのコートを着込んで出かけていった
灰緑色の海から白く泡立ちながら寄せてきた波が
流れついた海藻や海鳥の死骸をつつんでレエスのようにひろがる浜辺
長靴の底に砂のきしみを聞きながらあゆむふたりの散策は

物思いが放心に転じる一点を行き過ぎるまで黙々とつづくのであった

翌年の春ジャックはふたたび航海に出た
カナリア諸島に寄港した輸送船がセネガル沖を通って一路喜望峰に向かっていた
そのころ
ジルの姿は村から消えた
首都で独り身を謳歌する叔母のもとへ行ったという噂であったが
さてどうだか、いずれにしても
離れ離れになった恋人たちがわれてもすえに相まみえるという人情話は
潔いふたりの望むところではないのである

黄金週間

阿部日奈子

月曜日に田舎に帰る
バスの窓枠にのせた肘を
きらきらした大気が撫でてゆく
県道沿いにぽつりぽつりと建つ家のほぼ半数が
打ち捨てられ廃屋になっている故郷
木蔦の絡まる破れ塀や梁《はり》をさらす草葺き屋根は
なにを物語るのか
老いも若きも一心不乱に恋をしたあげく
数年のうちにあちこちで夫婦や親子が入れ替わり
心身綿のごとくに疲労して出ていった幾組もの家族

残った農家の人たちはいま
恋愛に強い苗を植えていた

火曜日は求婚者とドライヴ
訪ねてくるたび同じ名前を名乗って恥じない能天気なぼんぼんだが
鄙にはまれなMGを乗り回している
きのう渡した帰省みやげのサングラスを
さっそく掛けてきたところがいじらしいといえなくもない
はつなつの気流を受けて走りだせば
荒れ果てた果樹園や井戸端につないだ馬が
目に痛いほどの速さで流れて
胸のすくような速度を教えてくれる
白樺林のはざまに十六分割される湖
新調した薄絹の帽子が吹き飛ばされて
土埃の街道をみるみる後方に転がってゆく

水曜日は墓参り
若草の萌える丘の中腹に
村代々の犬たちが眠る墓地があり
木製の墓標が立ちならんでいる
軒下で日がな一日眠りこけていた老犬も
紫雲英《れんげ》野をどこまでもついてきた野良犬も
いまはみな馨《かぐわ》しい土にほどけて
カタバミやオオバコを育てている
墓碑銘を撫でる墓守の武骨な手
領地を売り払って出ていった地主一家の森番だった男が
老当主の落としだねという噂はほんとうかもしれない
あさっての舟遊びに誘う

木曜日は情人と草上の昼食
忍んでくるたび違う女の門扉を叩いて回る夜郎自大な色男だが
金と力がないことをよくわきまえている
安物のシャツやズボンを嫌って
会うなり脱ぎ捨てたがるところが野趣に富むといえなくもない
素っ裸で開けるランチボックスは
虹鱒のマリネに春キャベツと蚕豆《そらまめ》のサラダ
ひよどりの卵のオムレツに蛇苺のタルト
野焼きの青い煙がたなびいているとはいえ
草の臥床は四方八方から覗かれているのだが
視線より紫外線のほうが百倍も気になる
跨《また》がって全身くまなく接吻しながら日傘は決して手放さない

金曜日は山中の湖へ
墓守の男は古ぼけた小舟を浮かべて待っていた

湖水は森を逆さまに映して黙《もだ》している
中の島を目指して漕ぐ男の
ブロンズ色に灼けた首筋と厚い胸板
地主のところの兄弟とは少しも似てはいないのに
やはり異母弟の三男なのだと確信する
神経質な長男とも粗暴な次男とも深い仲だったそのかみ
櫂をとる男は彼らに小突かれていた少年なのか
降りそそぐ陽差しと湖面からの照り返しで
セルリアンブルーの感光ブラウスはすっかり透けて
島に着くまえから早くも乳房があらわになっている

土曜日は従兄の婚礼
夜半の雨が上がると嘘のように眩しい青空がひろがっていた
ぬかるんだ道を歩いて祝宴へ向かう
地に落ちた花が雨水を吸って腐りはじめていたので

祝言のさなか落花を散り敷いた中庭からは
思い出しても吐き気のするような生臭い風が吹いてきて
列席者はみな純白のナプキンで口元をおおったのだった
腹ごなしに踊られるチャルダッシュ
互いに引っぱり引っぱられて踊りの輪はゆがむ
誰かが花嫁の腰をぐいとつかむと
誰かが花婿の手を邪険に振り払い
誰もが泥だらけの劣情に身を投じていった

日曜の夜にはお屋敷に戻る
屋根裏部屋にたどりつき窓を大きく開け放って
街の空気を胸いっぱいに呼吸する
濡れた舗石の匂いと若芽をつけた街路樹の匂い
旅装をといてシュミーズ姿になると
ひんやりしたベッドにすべりこむ

あすからはお仕着せのワンピースにエプロンをつけて
銀器を磨き窓ガラスを磨き鏡を磨きランプを磨き洗面台を磨きつつ
旦那様をめぐって同輩と競い執事を挟んで奥様と争う日々……
複数の恋人を持つ生活は
よし運転手と結婚したとしてそのあとも
ずっとつづいてゆくだろう、いつ果てるともなく

無駄な疲れ

堀口大學

無駄な疲れは省《はぶ》きませう
薄情《うすなさけ》ならないが増し

手紙は焼いて捨てませう
写真は返して忘れませう

つらさ切なさ侘しさが
胸にあまれば肩が凝る

無駄な疲れは省《はぶ》きませう

つれない人は忘れませう

パンとさくらんぼ

ウォルター・デ・ラ・メア
江國香織＝訳

〝さくらんぼ！　よく熟したさくらんぼ！〟
おばあさんがさけびます。
雪のように白いエプロンをつけ
カゴを横に置いて。
男の子が二人やってきます
目を輝かせ、ほっぺたを紅潮させて
さくらんぼをひとふくろずつ買いました。
パンといっしょに食べるために

孤独な犬

アイリーン・R・マクロード
江國香織＝訳

俺はやせた犬、とぎすまされた犬、ワイルドな、そして孤独な
俺は乱暴な犬、タフな犬、獲物は自分で調達するさ！
俺は悪い犬、危険な犬、おろかな羊にとっちゃ災難
地面にすわって月に吠える　貪欲な魂を眠らせないために

俺は決して膝にのるような犬にならない　きたない足をなめたりしない
身ぎれいな犬、おとなしい犬、食事のために甘え鳴き
やめてくれ、温かい場所も　満たされた皿も　いらない
ドアをしめろ　石をぶつけろ、打って　けって　憎むがいい

ほかの犬たちは　俺のそばによってきたりしない
そりゃあたまには　やってくるものもいるが　いっぴきとして長居はしない
おお、俺の生き方はたった一つだ　ハードだが、最高だ
ぼうぼうと吹く風、遠くまたたく星々、そして、つねにつきまとう飢え！

ねこ

エリナー・ファージョン
江國香織＝訳

ねこはねむる
どこででも
テーブルのうえで
いすのうえで
ピアノのうえで
まどわくで
まんなかで
はじっこで
あいたひきだしのなかで
くつのなかで

だれかの
ひざのうえもすてき
ダンボールばこのなかも
ぴったり
とだなのなかで
ふくといっしょに――
どこででも！
なんにもきにしない！
ねこはねむる
どこででも

蛙の聲

串田孫一

賑かだ
夜の田圃に
燈がついているようだ
風が渡って来るたびに
燈がまたたいているようだ
その中で
蛙は悠然としている
おかしくなるほど悠然としている
さっぱりとして
お互いに憎んでいない

と言つて
それほど愛し合う声でもない
立派な声だ

活発な暗闇のこと

江國香織

「ぼくの船」 8頁

この詩の前で、私はもう抵抗ができません。どうしたって、大好きなのです。それで冒頭に持ってきました。これを読むと、自分が笑いだしそうなのか、泣きだしそうなのか、わからなくなる。

カーヴァーはアメリカの、すばらしい小説家です。すばらしい詩人でもあります。「弱っちい」感じのするところが好き。「弱っちい」感じは、絶対に逃避しない子供じみた強靭《きょうじん》さとつながっていて、八木重吉や尾形亀之助にも濃くみられる特徴だと思います。

「娘とアップルパイ」 12頁
「まんきい」 14頁
「平安な夕べ」 16頁

よその家をのぞきみするみたいな三編。すきとおったかなしみをあわあわと漂わせ、でも、漂わせたまましっかり完結させていて、恰好いい三編。

「冬は正味6・75オンス」 18頁
「私の冬」 19頁

「一九五五年冬」 22頁

「三月十八日、メイタグ・ホミッジ・ホテルで横になって」 24頁

冬にまつわる詩を集めました。どれも具体的でおもしろいです。一つずつ特別で味わい深い。詩は強いなあと思います。きりっとしていて、たしかに肌につめたいもの。

「いにしへの日は」 25頁

うつくしい日本語。うっとりする。たとえば生涯のうちのどこかで、この詩を読んだことのある人とない人とでは、その人の日本語の体力が、違ってくると思います。

「昨日いらつしつて下さい」 27頁

室生犀星の書いたものは、私にはいつもすこし怖いのですが、たぶんまた、そこに惹かれるみたいです。日陰で感じる色の濃さに似ている。

「女王様のおかえり」 29頁

なんて身勝手な詩！　でも、「さあ男とも別れだ泣かないぞ！」というところは言葉の調子が勇ましくて気に入っていて、ときどき口にだしてみます。

「ガラス」 32頁

「空を見てゐると　Ⅱ」 33頁

「昼のコックさん」 35頁

弱っちい感じの、名小品を並べてみました。どれもうす青い心臓で書かれたような手触りですが、一つずつが確かに独特で、つくづく、文ハ人ナリと思います。美しいです。

ちなみに高見順の「空を見てゐると」（Ⅱじゃない方）は、こういう詩です。「空を見てゐると／黒く小さな蝶のやうなものが／数多のそのやうなものが／僕の胸から飛び立つた／僕は何か失つたのである／だのに何かが加へられたやうな気がした」

「正午――丸ビル風景」 36頁

「お天気の日の海の沖では」 38頁

清々しい眼球で見て、切りとった風景。中原中也の詩にはそういう印象があります。こざっぱりしている。神経衰弱を患い、三十歳で病死した詩人だというのに、私はこの人の詩を読むと、健康な魂というものを感じます。

「平安な夕べ」 16頁

「雪」　40頁　41頁

八木重吉の詩はびわに似ていると思う。

おそなつ、という言葉をひらがなで表記すると、ほんとうにある種のおそなつの気配になる。

私はこの人の詩集を子供のころに母の本棚でみつけ、名前の印象からじいさんだとばかり思っていましたので、二十九歳で夭折《ようせつ》した詩人だと知ったときにはびっくりしました。詩は、じいさんどころか赤ん坊ほどにみずみずしい。

「ヒマワリとスカシユリのあいだに」　42頁

「過ぎてゆく手とそのささやき」　44頁

空気がひかりを含んでいてまぶしい。それなのにすうすうして涼しい。うしなわれるものなどないのだ、と、この人の詩を読むと気づく。忘れても忘れなくても、言葉にしてもしなくても、なに一つうしなわれない。それらは実際、はじめにあった場所にいまもあるのだ。ただしずかに。

「雌猫」　50頁

「ある散歩のあとで」　52頁

「トリエステ」 116頁
「悲しみのあとで」 118頁

すとんと腑《ふ》に落ちる、しずかで美しい配列の言葉たち。『ウンベルト・サバ詩集』（みすず書房）は、一冊まるごと宝物みたいな書物です。どの頁からも、この詩人が暮らす街や、この詩人の生きた時間がこぼれてくる。ゆっくりと、すこしずつ読む。豊かな、なつかしくあかるい心持ちになる。詩人は死んでも詩は死なないのだとわかる。

「手紙」 54頁

あかるくて明晰で、曖昧《あいまい》なものさえ「はっきりと」曖昧に写しとる。谷川俊太郎さんは、楽器でいうと、ピアノみたいな詩人だと思う。

学生時代に講演をききにいき、御本人にお会いした。外見も、まるで卵みたいに無駄がなく、完璧に詩人のかたちだったので、おどろいた。

「夜のパリ」 56頁
「サンギーヌ」 60頁
「朝の食事」 83頁

プレヴェール！

「夜のパリ」だけ訳者が違います。
プレヴェールの詩はいくつもシャンソンになっていて、でもそれは歌詞になっているというより音楽になっている。プレヴェールがそもそも音楽なのですし、音楽は、人生と言い換えた方がわかりやすいかもしれません。周囲が色とりどりで、王様もロバも私も、今夜はまだ生きているのです。

「とてもいとおしい僕のルウよ」 57頁
「サンギーヌ」 60頁
「のんきな連中」 68頁
「氷汇《すべ》り」 72頁

情熱的で、言葉に曇りのない愛の詩を集めました。

「ローラ」 62頁
「さらば」 78頁

音楽家でもあり、画家でもあったロルカの詩には、オレンジがたびたびでてきます。あかるくてやさしくて、風とおしがいい。詩において、素直さは資質であり才能であると知らされます。

「絹の天幕」 64頁

アメリカの大学の詩の授業ではじめて読んだとき、テントのような女って、一体どんな女かしらと訝《いぶか》しく思った詩。いまでは、フロストのなかでいちばん好きな一編です。夏なのが素敵。

こんな女になりたいものです。

「家出人人相書」 66頁

優れた小説家が優れた詩を書くとは限りませんが、佐藤春夫は書いたと思う。詩と小説の温度や湿度が、似ているところに惹かれます。不穏な気配。

「海の二階」 31頁

「アンチミテ」 67頁

「夕ぐれの時はよい時」 120頁

「無駄な疲れ」 135頁

堀口大學は天才だと思う。空に近い場所で生まれる言葉。「奥さん」にはびっくりします。上品な人にしか使えない言葉です。羽根がはえてるみたいに軽やかなインテリジェンスというものは、無敵です。

「願わくば金の真昼に」 70頁

「私の足に」 109頁

この人の詩を読むと、読んでいるというよりも、先のとがったペンでじかに詩を刻み込まれているという感じがします。「生活」や「女」や「戦争」や「家」、重く厳しい背景の詩を書いてなお、蝶々みたいに軽やかな心がのぞいてしまう。びっくりするほどみずみずしく、色あせない魂の持ち主。

「冬は正味6・75オンス」 18頁

「三月十八日、メイタグ・ホミッジ・ホテルで横になって」 24頁

「レストラン」 79頁

ブローティガンは、動く詩だと思う。彼の眼が詩なら手も詩、心臓も詩なのだ。たぶん。

「レストラン」 79頁

「XVIII」 80頁

「朝の食事」 83頁

疲弊していく恋も入れておかないと。

「夏の海の近くで」 86頁

「耳」 90頁

耳とお臍《へそ》。肉体の一部分に宿る、もしくは肉体の一部分からひろがる物語。時間の層が、閉じているはずの断面をふいに覗《のぞ》かせる一瞬が、たとえば「夏の海の近く」や、「二月の底冷えのする　とある酒場」にはあって、肉体の一部分なりに何とか集中しないことには、現実を見失いそうになるのかもしれない。

「異国の女に捧げる散文」 91頁

かなりながい散文詩です。全部で十二章あるうちの、これははじめの二章です。ゆっくり読むと、遠くに連れていかれます。皮膚や血がざわめきだし、体内の温度が上がります。

十二章全部が、原文と共に思潮社からでています。

「雨」 96頁

「秋の終り」 98頁

言葉の持つ喚起力は、しばしば現実を越えます。それについて考えていると、ときどき大変孤独になります。非常な快楽を伴いますが、同時にどこかに閉じ込められている気もして、言語が世界なのか、世界が言語なのかわからなくなる。「たかが言葉で作った世界を言葉で壊すことがなぜ出来ないのか」と寺山修司は言っています。「どんな桎梏《しっこく》からの解放も、言語化されない限り解放感にすぎない」とも。

「来るんじゃない　私が死んだならば」 100頁

土の中みたいな温度の低さと壮厳さ。テニスンは百年以上前に亡くなっていますが、どこかで会ったことがあるような気がしますし、いまも会えるみたいな気がします。言葉の力は弱まらないのですね。

「都の子」 102頁

勇ましくも可憐《かれん》な一編。勿論読む人によって印象は異なるのでしょうけれど、私にとってこれは、悲観防止薬になります。

「窓辺で待っている」 104頁

この時間の密度！　子供のまわりの空間は、大人にとってのそのおなじ空間と、全然ちがうものだったと思いだします。どうすればそれをこんなふうにシンプルに書けるんだろう。

「隣の家」 107頁

小説みたい。ぱっとしてる。ぱっとしている、のは本当に大事なことです。書く人は、本当はみんなぱっとしたいんだと思う。そう思っていなくちゃいけないはずです。

「フラッドさんのパーティ」 111頁

可笑《おか》しくて淋しい。夜風を感じるし、くっきりしてあかるい。エドウィン・アーリントン・ロビンソンは、難解な詩をたくさん残していますが、同時にそれらを大変健全に書いたひとでもあります。

一人ぼっちのフラッドさんのうしろに、過去や仲間たちがいるところが絶対的でいい。

「海辺のコント」 124頁

「黄金週間」 128頁

二つとも、『海曜日の女たち』（書肆山田）という詩集に収められています。それはもうおもしろい本です。そこにたびたびでてくるオーレンカとイーダという二人の女は、すばらしく強烈です。言葉が内側から勝手に情熱を放ち、いっそ陽気といっていいほどの危険さで、傲然《ごうぜん》とまぶしくひそんでいる本です。

「パンとさくらんぼ」 137頁

ウォルター・デ・ラ・メアの詩にアーディゾーニが絵をかいた、『PEACOCK PIE』という美しい本（faber and faber社）からの一編。シンプルで潔く、「それだけ」なのにちょっと幸福で、心に深く残ってしまう。

「孤独な犬」 138頁

原文を力強く音読すると、ほんとうに犬が吠えているように聞こえます。どういうのかというと、こういうのです。

LONE DOG

I'm a lean dog, a keen dog, a wild dog, and lone;
I'm a rough dog, a tough dog, hunting on my own!
I'm a bad dog, a mad dog, teasing silly sheep;
I love to sit and bay the moon, to keep fat souls from sleep.

I'll never be a lap dog, licking dirty feet,
A sleek dog, a meek dog, cringing for my meat,
Not for me the fireside, the well-filled plate,
But shut door, and sharp stone, and cuff and kick and hate.

Not for me the other dogs, running by my side,
Some have run a short while, but none of them would bide.
O mine is still the one trail, the hard trail, the best
Wide wind, and wild stars, and hunger of the quest!

気持ちを強くしたいときや、勢いをつけたいときに音読してみると、効きます。低い声でやる方が、犬に似ます。

「ねこ」 140頁

「蛙の聲」 142頁

ほんものよりも鮮明な、猫と蛙です。「蛙の聲」は、最後の一行にやられます。

ということはつまりこれは、可笑しみのあるもの、弱っちい感じのするもの、軽やかなもの、明晰なもの、遠くにつれていってくれるもの、勇ましいもの、の集まりですね。一つ一つがユニークであり、言葉がおもしろいのは勿論のこととして。

＊

暗闇を恐れなくていい、と教えてくれたのは書物でした。考えてみればそれは道理で、書物というのは皆、暗闇の住人なのでした。そしてこれは無論地図ではなく、暗闇でまたたくものをコレクションしたささやかな一冊にすぎません。

最後に、もうひとつ詩を御紹介します。レイモン・ラディゲの詩です。

パリの河岸の絵はがき

貝がらの代用に
古本の箱が並んでゐる。
もつとも美しい岸辺もあると
賞典本を繰りながら、僕は学んだ。

親しい友よ、即刻錨を揚げるとしよう、
インク壺は海ほどかなしい。
どうかもう、インクでは書いてくれるな、
何しろ其所から釣上げる言葉はひどく塩辛い。

（堀口大學訳）

出典および詩人略歴

＊「ぼくの船」「娘とアップルパイ」「隣の家」／『水の出会うところ』（論創社）
レイモンド・カーヴァー（一九三八―八八）アメリカの詩人、小説家。製材所、薬局の配達係、病院の守衛など職業を転々としながら、大学の創作講座で小説の書き方を学んだ。日常生活の平凡な情景を軽妙なタッチで切り取ってみせた。短編集に『どうぞお静かに』『愛について語るときぼくらが語ること』『大聖堂』など。
黒田絵美子（くろだえみこ・一九五八―）訳書にレイモンド・カーヴァーの詩集『水の出会うところ』『海の向こうから』など。

＊「まんきい」／『若葉のうた』（勁草書房）
金子光晴（かねこみつはる・一八九五―一九七五）愛知生まれ。一九一九年、第一詩集『赤土の家』を自費出版した後に渡欧し、ボードレールなどの詩に傾倒。帰国後出した耽美《たんび》的な詩集『こがね虫』で認められる。妻の森三千代とアジア、ヨーロッパを放浪した後、『鮫《さめ》』で軍国主義の実相をえぐりだした。戦争中に書いた厭戦的抵抗詩は、戦後『落下傘《らっかさん》』『蛾《が》』などに結実した。

＊「平安な夕べ」「雪」／『花と空と祈り（新装版）』（彌生書房）
八木重吉（やぎじゅうきち・一八九八―一九二七）東京生まれ。二十一歳で洗礼を受けるが、内村鑑三の影響から次第に無教会主義に近づく。英語教師になった後、第一詩集『秋の瞳』で注目される。肺結核で死去した翌年、生前に自選した『貧しき信徒』が刊行された。本出典の『花と空と祈り』は、三十一回目の命日に発見

された新たな詩稿をもとにしたもの。

＊

「冬は正味6・75オンス」「レストラン」／『ロンメル進軍』（思潮社）

「三月十八日、メイタグ・ホミッジ・ホテルで横になって」／『突然訪れた天使の日』（思潮社）

リチャード・ブローティガン（一九三五―八四）アメリカの詩人、小説家。西海岸でセックスと麻薬によって文明から逃避する若者を描いた小説『ビッグ・サーの南軍将軍』、自然破壊を不毛な鱒《ます》釣りで浮き彫りにした『アメリカの鱒釣り』などで注目される。詩集に『チャイナタウンからの葉書』など。一九八四年にカリフォルニア州の自宅で拳銃自殺。

高橋源一郎（たかはしげんいちろう・一九五一―）広島生まれ。『さようなら、ギャングたち』でデビュー、ポップ文学の旗手となる。著書に『優雅で感傷的な日本野球』（三島賞受賞）『さよならクリストファー・ロビン』（谷崎賞受賞）など。訳書にジェイ・マキナニー『ブライト・ライツ、ビッグ・シティ』など。

中上哲夫（なかがみてつお・一九三九―）詩集に『記憶と悲鳴』『アイオワ冬物語』、訳書にデューク・エリントン自伝『A列車で行こう』ジャック・ケルアック『荒涼天使たち』など。

＊

「私の冬」「蛙の聲」／『日本現代詩文庫1　串田孫一詩集』（土曜美術社）

串田孫一（くしだまごいち・一九一五―二〇〇五）東京生まれ。戦後まもなく、パスカル論を刊行。また、草野心平に誘われて「歴程」の同人になった。人生や愛についての哲学的エッセイの他に、登山や植物などをめぐる詩的エッセイ、博物誌など多方面のジャンルにわたって著作がある。詩集に、『羊飼の時計』『旅人の悦《よろこ》び』など。

＊

「一九五五年冬」／『現代詩文庫19　高橋睦郎』（思潮社）

高橋睦郎（たかはしむつお・一九三七―）福岡生まれ。詩集に『ミノ・あたしの雄牛』『汚れたる者はさらに汚れたることをなせ』『王国の構造』（歴程賞受賞）など。詩や小説を軸にした幅広い活動で人間の原点を探る試みを続けている。

*

「**いにしへの日は**」／『日本の詩12　三好達治』（ほるぷ出版）

三好達治（みよしたつじ・一九〇〇―六四）大阪生まれ。東大仏文科卒業と同時に文筆生活に入る。一九三〇年、「太郎を眠らせ　太郎の屋根に雪ふりつむ」で知られる「雪」などを収めた『測量船』を刊行、詩人としての地位を固める。『山果集』『駱駝《らくだ》の瘤《こぶ》にまたがつて』などの詩集の他に、ボードレールの訳詩集『巴里《パリ》の憂鬱《ゆううつ》』、評論『萩原朔太郎』などがある。

*

「**昨日いらつしつて下さい**」／『定本室生犀星全詩集三巻』（冬樹社）

室生犀星（むろうさいせい・一八八九―一九六二）石川生まれ。貧困のため十二歳で金沢地方裁判所の給仕となる。人道主義的な詩風の『愛の詩集』や「ふるさとは遠きにありて思ふもの」で知られる『抒情小曲集』で認められた。三十歳の時に発表した『幼年時代』『性に眼覚める頃』などの自伝的小説も話題に。その他の小説に『あにいもうと』『杏《あんず》つ子』など。

*

「**女王様のおかえり**」／『現代詩文庫1026　林芙美子』（思潮社）

林芙美子（はやしふみこ・一九〇三―五一）山口生まれ。行商人の両親とともに小学校時代は九州から山陽地方を転々とし、上京後は女中、女給、工員など様々な職についた。壺井繁治などアナーキスト詩人と知り合い、その流れの第一詩集『蒼馬《あおうま》を見たり』を刊行。昭和五年に出された『放浪記』は上京してからの困窮生活を日記で綴った自伝的作品で、ベストセラーになった。その他の小説に『晩菊』『浮雲』など。

＊「海の二階」「アンチミテ」「夕ぐれの時はよい時」「無駄な疲れ」／『堀口大學全集1』（小澤書店）
堀口大學（ほりぐちだいがく・一八九二―一九八一）東京生まれ。一九一一年から一九二五年まで外交官の父に伴い、海外で生活。その間、アポリネール、ラディゲなどの詩に親しみ、フランス近代詩の集大成ともいえる訳詩集『月下《げっか》の一群』を刊行。日本の近代詩に大きな影響を与えた。ウイットとエロチシズムあふれる詩集に、『月光とピエロ』『人間の歌』など。

＊「ガラス」「空を見てゐるとⅡ」／『現代詩文庫1014　高見順』（思潮社）
高見順（たかみじゅん・一九〇七―六五）福井生まれ。東大卒業頃から左翼運動に走るが、のちに転向。一九三五年、左翼くずれのやり場のない苦悩を饒舌《じょうぜつ》体の文章で描いた『故旧忘れ得べき』で注目を浴びた。戦中の日記は『高見順日記』にまとめられ、戦後は『いやな感じ』で一人のアナーキストの生涯を通して昭和史を見つめた。詩集に『死の淵《ふち》より』など。

＊「昼のコックさん」／『現代詩文庫1005　尾形亀之助』（思潮社）
尾形亀之助（おがたかめのすけ・一九〇〇―四二）宮城生まれ。上京して油絵を始め、村山知義らと前衛美術団体を結成。一九二五年、第一詩集『色ガラスの街』でその軽妙な感覚的詩風が認められた。その後の詩集『雨になる朝』『障子のある家』では一転して厭世《えんせい》的・虚無的な色彩を強め、生活も乱れた。晩年は仙台市役所に勤めたが、無頼の生活は変わらなかった。

＊「正午――丸ビル風景」「お天気の日の海の沖では」／『中原中也詩集』（白凰社）
中原中也（なかはらちゅうや・一九〇七―三七）山口生まれ。京都の立命館中学時代に高橋新吉の『ダダイス

ト新吉の詩』を読み、詩作を始める。上京後はボードレールやランボーに傾倒。昭和九年に、有名な「汚れつちまつた悲しみに……」を含む第一詩集『山羊《やぎ》の歌』を刊行。長男の死を契機に神経衰弱を患い、結核性脳膜炎で死去。翌年、未完の詩集『在りし日の歌』が刊行された。

＊

「**ヒマワリとスカシユリのあいだに**」「**過ぎてゆく手とそのささやき**」／『夏のかんむり』（村松書館）

片山令子（かたやまれいこ・一九四九―）詩画集に『ブリキの音符』、絵本に『たのしいふゆごもり』『もりのセーター』、童話に『すいしょうゼリー』など。

＊

「**雌猫**」「**ある散歩のあとで**」「**トリエステ**」「**悲しみのあとで**」／『ウンベルト・サバ詩集』（みすず書房）

ウンベルト・サバ（一八八三―一九五七）イタリアの詩人。母親がユダヤ系であり、誕生以前に父親が出奔したため、不幸な幼年時代を送った。故郷のトリエステで古書店を経営するかたわら、『カンツォニエーレ』などの詩集を刊行。詩人として不遇の時期がつづいたが、一九四八年に出した第二版『カンツォニエーレ』の発表で決定的な評価を得た。

須賀敦子（すがあつこ・一九二九―九八）著書に『ミラノ　霧の風景』（講談社エッセイ賞）『コルシア書店の仲間たち』など。訳書にアントニオ・タブッキ『インド夜想曲』イタロ・カルヴィーノ『なぜ古典を読むのか』など。

＊

「**手紙**」／『手紙』（集英社）

谷川俊太郎（たにかわしゅんたろう・一九三一―）東京生まれ。豊多摩高校卒業後まもなく、三好達治の紹介で『文学界』に「ネロ他五篇」が掲載され、一九五二年に処女詩集『二十億光年の孤独』を刊行。その翌年、詩誌「櫂」の同人となる。詩集としては、第二詩集『六十二のソネット』のほか、『ことばあそびうた』『日々の地図』（読売文学賞）など。詩以外にも、エッセイ・戯曲・ラジオドラマ・童話・翻訳など多彩な活躍を見せている。

＊

「夜のパリ」／『世界詩人全集18』（新潮社）

「サンギーヌ」「朝の食事」／『プレヴェール詩集』（マガジンハウス）

ジャック・プレヴェール（一九〇〇―七七）フランスの詩人、脚本家。平易な言葉で人間の哀歓をうたいあげる作風で、大衆詩人としての人気を得た。代表作の詩集『パロール』は、一九四五年の刊行以来、百万部以上に達するという。イブ・モンタンが歌った「枯葉」の作詞、マルセル・カルネ監督作品『天井桟敷《さじき》の人々』の脚本なども手がけている。

大岡信（おおおかまこと・一九三一―）静岡生まれ。読売新聞で十年間の記者生活を経たのち、明治大学教授に。『記憶と現在』『わが詩と真実』などの詩集の他に、評論集『紀貫之』（読売文学賞）など。朝日新聞で二十八年間にわたって連載された『折々のうた』でも日本の古典詩歌に深い造詣を示している。

小笠原豊樹（おがさわらとよき・一九三二―二〇一四）北海道生まれ。岩田宏の筆名で出された詩集に『独裁』『いやな唄』『頭脳の戦争』など。皮肉とユーモアをまじえて社会現実を批判した。プレヴェールの他にマヤコフスキーなどの訳詩集、ソルジェニーツィンの小説『ガン病棟』などの翻訳も。

＊

「とてもいとおしい僕のルウよ」／『フランス現代詩二十九人集』（思潮社）

ギヨーム・アポリネール（一八八〇―一九一八）フランスの詩人。時代の最先端を行く前衛文学の旗手とみなされ、のちのシュルレアリスム文学に影響を与えた。小説『腐ってゆく魔術師』や連作詩『動物詩集』を経て、一九一三年刊行の詩集『アルコール』が代表作となる。日本には堀口大學の訳詩集『月下の一群』によって紹介された。

＊

窪田般彌（くぼたはんや・一九二六―二〇〇三）英領北ボルネオ生まれ。『影の猟人』『詩篇二十九』などに収められた詩は、反現実的・高踏的で戦後詩壇に特異な地位を占める。訳書にアポリネール『異端教祖株式会社』『カサノヴァ回想録』など、評論集に『日本の象徴詩人』など。

＊

「**ローラ**」「**さらば**」／『ロルカ詩集』（みすず書房）

フェデリコ・ガルシア・ロルカ（一八九八―一九三六）スペインの詩人。代表作『ジプシー歌集』などで、生地アンダルシアに伝わる民謡や伝承詩に新しい生命を吹き込んだ。旅行先のアメリカの機械文明を告発した『ニューヨークの詩人』の他、『血の婚礼』などの戯曲も。国内で古典劇の啓蒙に努めたが、スペイン内戦勃発直後にフランコ側に射殺された。

長谷川四郎（はせがわしろう・一九〇九―八七）北海道生まれ。抑留体験に基づく『シベリア物語』『鶴』で注目される。詩集に『さまざまの歌』『原住民の歌』など。

＊

「**絹の天幕**」／『ロバート・フロスト詩集――愛と問い』（近代文藝社）

ロバート・フロスト（一八七四―一九六三）アメリカの詩人。ニューイングランドの自然とそこに生活する人々を抒情的にうたった詩が出発点。J・F・ケネディの大統領就任式に招かれて自作の詩を読むなど、アメリカの国民詩人といわれている。詩集に『山の期間』『西に流れる川』など。ピュリッツァ賞を四回受賞。

安藤千代子（あんどうちよこ・一九二六―）マサチューセッツ州立大学研究員として、ロバート・フロストを研究。訳書にエレン・G・ホワイト『患難から栄光へ』（共訳）など。

＊

「**家出人人相書**」／『日本の詩7　佐藤春夫』（ほるぷ出版）

佐藤春夫（さとうはるお・一八九二―一九六四）和歌山生まれ。与謝野鉄幹に師事して、初めは新感覚を盛りこんだ抒情詩人として名をなす。一方、小説家としても幻想的な味わいのある『西班牙犬《スペイン》の家』でデビューし、『田園の憂鬱《ゆううつ》』『都会の憂鬱』で一躍人気作家となった。小林秀雄に「悉《ことごと》くの才能の濫費者《らんぴしゃ》」と評されたように、歴史小説から漢詩の翻訳まで仕事は多岐にわたった。

＊「のんきな連中」「氷辷《すべ》り」「XVIII」／『フランドル遊記《ゆうき》・ヴェルレーヌ詩集』（平凡社）
ポール・マリー・ヴェルレーヌ（一八四四―九六）フランスの詩人。天才詩人ランボーに魅かれたあまり、家庭を捨て共同生活に入ったが、破局。拳銃を発射して投獄生活を送ることになったが、この期間に傑作詩集の『言葉なき恋唄』を出している。出獄後の平穏な生活から再び自堕落な生活に戻るも、文名は高まり、『昔と近ごろ』『愛』などの集成詩集を刊行した。

＊「願わくば金の真昼に」「私の足に」／『永瀬清子詩集』（思潮社）
永瀬清子（ながせきよこ・一九〇六―九五）岡山生まれ。『グレンデルの母親』で詩壇に登場。詩集に『諸国の天女』『大いなる樹木』『美しい国』など。美しい暗喩と優雅な語法で女性の生活感情を見事にすくいあげた。郷里で家庭裁判所の調停委員など社会的な活動を行う一方、詩誌「黄薔薇」を主宰して女性詩人の育成に努めた。

＊「夏の海の近くで」「耳」／『現代詩文庫5　清岡卓行』（思潮社）
清岡卓行（きよおかたかゆき・一九二二―二〇〇六）大連生まれ。プロ野球セ・リーグの試合日程編成を十三年間担当、という略歴をもつ。詩集に『氷《こお》った焔《ほのお》』『日常』『四季のスケッチ』など。一九六九年からは小説を書きはじめ、終戦直前の大連への帰省とそこでの妻との出会いを描いた『アカシヤの大連』で芥川賞受賞。評論の代表作に『萩原朔太郎「猫町」私論』。

＊

「異国の女に捧げる散文」／『異国の女に捧げる散文』（思潮社）

ジュリアン・グラック（一九一〇—二〇〇七）フランスの詩人、小説家。定年まで地理の高校教師を勤める。シュルレアリスムの影響を受け、処女作『アルゴルの城にて』で注目される。代表作の幻想的歴史小説『シルトの岸辺』はゴンクール賞に選ばれたが、文学賞そのものへの不信から辞退した。寡作で難解な作風ながら、文壇での評価は高い。

天沢退二郎（あまさわたいじろう・一九三六—）東京生まれ。詩集に『朝の河』『Les invisibles（目に見えぬものたち）』（歴程賞受賞）『〈地獄〉にて』（高見順賞）など。また宮沢賢治の研究でも知られ、評論集『宮沢賢治の彼方へ』などがある。

＊

「雨」「秋の終り」／『フランス現代詩二十九人集』（思潮社）

フランシス・ポンジュ（一八九九—一九八八）フランスの詩人。雨、オレンジ、小石などのありふれた事物を、感情移入ぬきに淡々と描いた散文詩集『物の味方』で注目される。サルトルが「実存主義の詩人」と呼んだように、人間・物・言葉の関係を問いなおした。詩集に『大選集』『牧場の制作』など。

＊

「来るんじゃない　私が死んだならば」／編者による初訳

「都の子」／『世界童謡集』（冨山房）

アルフレッド・テニスン（一八〇九—九二）イギリスの詩人。十代半ばでエリザベス朝劇詩を模倣した『悪魔と淑女』をつくるなど、詩才を早くから発揮。一八五〇年には、ワーズワースの死後に桂冠詩人に任命されるなど、イギリスの国民詩人としての名声を確立。詩集に『イン・メモリアム』『国王物語詩集』など。

西條八十（さいじょうやそ・一八九二—一九七〇）東京生まれ。雑誌「赤い鳥」を舞台に「かなりや」など多くの童謡を発表したが、一方でイェーツ、ドーソン、ボードレールらの詩人の訳詩集『白孔雀《しろくじゃく》』や『アルチュール・ランボー研究』などの著書も。

＊

「窓辺で待っている」／編者による初訳

A・A・ミルン（一八八二―一九五六）イギリスの詩人、小説家。本書の詩は、一人息子のクリストファー・ロビンや自分の幼年時代を題材にした詩集『わたしたちは今六つ』に収められている。クリストファーと子供部屋にあるぬいぐるみの動物たちが活躍する『クマのプーさん』シリーズで有名だが、推理小説『赤い館の秘密』なども出している。

＊

「フラッドさんのパーティ」／編者による初訳

エドウィン・アーリントン・ロビンソン（一八六九―一九三五）アメリカの詩人。二十世紀のアメリカ詩を代表する一人。本書に収録された「フラッドさんのパーティ」など架空のティルベリー・タウンを舞台にした詩が多い。詩集に『夜の子供たち』『二度死んだ男』など。ピュリッツァ賞を三回受賞。

＊

「海辺のコント」「黄金週間」／『海曜日の女たち』（書肆山田）

阿部日奈子（あべひなこ・一九五三―）詩集に『植民市の地形』（歴程新鋭賞受賞）『典雅ないきどおり』、訳書にロイス・エイラト『あかいはっぱきいろいはっぱ』。

＊

「パンとさくらんぼ」／編者による初訳

ウォルター・デ・ラ・メア（一八七三―一九五六）イギリスの詩人、小説家。石油会社に帳簿係として勤務するかたわら、ウォルター・ラーマルの筆名で『子供の歌』という童謡集を出版。以後、『耳をすます者たち』や『ピーコック・パイ』などで詩人としての地位を確立する一方、『三匹の高貴な猿』などの長編ファンタジー、

『死者の誘い』などの幻想小説を発表。美しい韻律で夢幻的な世界を紡ぎだした。

＊

「**孤独な犬**」／編者による初訳

アイリーン・ラザフォード・マクロード（一八九一―一九六八）イギリスの詩人。『魂を救うための歌』『夜明け前』などの詩集がある。

＊

「**ねこ**」／編者による初訳

エリナー・ファージョン（一八八一―一九六五）イギリスの詩人、小説家。大衆小説家の父親のもと、正規の学校教育を受けず、父の蔵書に囲まれて育った。三十五歳で出した詩集『ロンドンのわらべうた』で認められ、以後『リンゴ畑のマーチン・ピピン』『年とったばあやのお話かご』など、古い伝承を素材にした温かみあるファンタジーを多数送りだした。

本書は、二〇〇三年に発行された『活発な暗闇』（小社刊）の新装改訂版です。
なお著作権継承者のご了解をいただいて、旧漢字を新漢字に改めました。

江國香織（えくに・かおり）
1964年東京生まれ。87年『草之丞の話』（はないちもんめ小さな童話賞大賞）で児童文学作家として出発。その後、映画化もされた『きらきらひかる』や山本周五郎賞受賞の『泳ぐのに、安全でも適切でもありません』を発表。2004年『号泣する準備はできていた』で直木賞を受賞した。詩集に『すみれの花の砂糖づけ』があるほか、絵本の翻訳なども多数手がけている。

活発な暗闇 新装改訂版

二〇一五年十一月二十日 第一刷発行
二〇二一年 六 月十五日 第二刷発行

編 者 江國香織
発 行 者 首藤知哉
発 行 所 株式会社いそっぷ社
〒一四六—〇〇八五
東京都大田区久が原五—五—九
電話 〇三（三七五四）八一一九
組 版 有限会社マーリンクレイン
印刷・製本 シナノ印刷株式会社

ISBN978-4-900963-68-9 C0095
定価はカバーに表示してあります。